SOUVENIRS D'ALBERT

© 2019, Soudry Galateau, Dominique
Edition : Books on Demand,
12/14 rond-Point des Champs-Elysées, 75008 Paris
Impression : BoD - Books on Demand, Norderstedt, Allemagne
ISBN : 9782322146727
Dépôt légal : août 2019

PARIS 11 juillet 1933

Je rencontre Monsieur L…. et un ami Monsieur C…. au restaurant de l'Ecu de France.

Monsieur C…. regrette vivement de ne pas s'être décidé à faire le voyage. Nous dinons convenablement avec un menu et des vins choisis par M. C…., puis nous quittons ce dernier pour nous rendre à la gare du Nord.

Nous voici dans le train qui doit partir à 21h 05. Nous y trouvons trois ingénieurs effectuant également le voyage envisagé avec lesquels nous faisons connaissance. On ne nous a réservé que des « coins ». Nous appréhendons le passage de la nuit dans ces conditions et retenons des couchettes en sleeping dans le même compartiment dont nous prenons possession ; supplément 200 francs [1] par personne pour BERLIN, et 120 francs [2] jusqu'à COLOGNE où nous devons arriver à 8h 30 demain matin, ce qui nous suffira. Notre sleeping est tout battant neuf, 1ère classe. Nous faisons la reconnaissance des lieux, assez exigus du reste, deux couchettes superposées, un lavabo, communication avec la cabine voisine qui est libre ; on remarque que le verrouillage ente les deux cabines est avec combinaison de « mutuel consentement ». On nous retire nos billets, nos passeports pour ne point être inquiétés à la douane belge pendant notre sommeil.

───────────────

[1] 200 francs en 1933 valent : 785 euros
[2] 120 francs = 471 €

Déshabillés rapide, et nous voilà dans nos « étagères », assez confortablement installés. Nous avons cherché à préparer nous-mêmes les couchettes, mais des complications surgissant, nous en laissons le soin à l'employé de la Compagnie des Wagons-lits. Nous avions commencé par déménager à tort le matériel voisin pour nous en servir.

J'occupe la couchette du haut, la couverture de laine fait son effet, transpiration, mon voisin de dessous ronronne assez rapidement. Dans mon repos, je comprends successivement quelques arrêts criés dans la nuit ; après MONS, je dors un peu, mais à LIEGE je me rends compte que notre train a changé son sens de marche.

12 juillet

A la douane allemande, vers 6h 30, on ouvre notre compartiment. Il faut déclarer son argent à titre de contrôle. Encore un peu de repos, ma montre sonne à 7h 30 et à 8 h on nous prévient de l'arrivée à COLOGNE pour 8h 30. Toilette. Le train entre en gare, nous avons 20 minutes d'arrêt, juste le temps d'aller visiter la cathédrale et de faire partir quelques cartes postales. La gare est belle, la deuxième de l'Allemagne après LEIPZIG. Nouveau démarrage ; il faut penser au déjeuner que nous prenons en compagnie de deux autres ingénieurs, Monsieur R..., représentant le journal « L'USINE », et un ingénieur rejoignant son poste en Russie. La température a baissé, il fait beau mais un peu frais.

Nous passons à ESSEN, devant les Usines KRUPP, leur superficie démontre leur importance. Nous traversons de très vastes prairies paraissant très fertiles. Les maisons ont l'air coquet et propre, généralement peintes de vert, de rouge ou d'orange. Dans les villes, l'aspect de l'architecture est dans l'ensemble assez sombre, ayant néanmoins assez grande allure. La propreté est remarquable.

La traversée du Rhin, à COLOGNE, nous a donné une idée de l'activité d ce grand fleuve couvert d'une flottille de péniches. Le pont du Rhin, avec ses nombreuses voies ferrées, route et tramways est un travail d'art considérable, fortifié aux deux extrémités.

Le roulement de la voie est très doux, à grande vitesse on ne perçoit pas les joints, les rails étant très longs, environ 27 mètres, bien éclissés et tirefonnés sur 50 traverses par longueur.

Midi

Nous venons de quitter DORSMUNDT, le temps est très couvert, la pluie fait son apparition pour quelques instants, ce qui vaut toutefois autant qu'un soleil trop chaud. Au petit déjeuner, l'ingénieur français qui a sa situation en Russie nous a fait un tableau assez peu réjouissant d'un voyage aussi important et aussi rapide, mais a ajouté que nous serons largement récompensés de notre fatigue. Il paraît qu'une dame fait partie du voyage et qu'à BERLIN nous pourrions être reçus à l'Ambassade de France....

12h 50

C'est l'heure convenue pour le déjeuner, nous allons au restaurant, le train est très long, il nous faut le parcourir presque en entier car depuis LIEGE notre compartiment est en tête et le restaurant est en queue.

Nous traversons trois voitures de 3ème classe où les gens semblent entassés, le train parait bondé car c'est la grande ligne qui relie la Pologne à la France. Au départ le train avait été pris presque d'assaut par une foule grouillante.

Nous voici à table, M. R…, M. L…. et moi, d'autres français s'y trouvent aussi ; nous ignorons s'ils appartiennent tous à notre groupe, sauf trois avec qui nous faisons connaissance. Jusqu'ici nous doutons de la quinzaine annoncée au départ. On nous sert de la soupe aux cerises, jus d'une couleur douteuse avec des cerises éclatées. A mon avis c'est très rafraichissant, mais mes voisins ne paraissent pas apprécier la mixture. Limande frite bien réussie, veau en sauce avec pommes de terre et champignons, une glace. En résumé, assez bon repas.

Arrêt HANOVRE 15 minutes

Nous descendons sur le quai. Belle gare, le beau temps est revenu et nous repartons. La campagne est agréable, le train file à vive allure dans une plaine immense, qui semble durer des centaines de kilomètres. De beaux pâturages se déroulent, on remarque de temps en temps des troupeaux de vaches bretonnes blanches et noires et quelques chevaux. Des bois, quelques céréales, mais ce sont surtout les prés qui dominent. Avec les variations du relief des terres, on se croirait en Normandie.

Nous traversons des villes assez importantes sans le moindre ralentissement dans les gares, le train a l'allure d'un chronomètre. Depuis 16 h le soleil est très chaud mais nous sommes contraints d'éviter les courants d'air. Le long de la voie, nous remarquons plusieurs moulins à vent dont les ailes tournent. Traversées de fleuves ou de grandes rivières, les ponts de la ligne ont été repeints à neuf et sont imposants, la ligne étant à quadruple voie. Toujours la plaine immense, mais un gros orage a dû passer par là car les blés sont couchés. Les chevaux doivent être utilisés de préférence aux bovins pour les charrettes, laissant supposer que l'on ne possède des vaches que pour le lait et l'élevage.

17 h

Dans une heure nous serons aux portes de BERLIN, ayant eu en tout 19 heures de train alors que certains grands rapides ne mettent plus guère que 13 heures. Notre train roule pourtant vite, mais s'arrête un peu trop souvent.

18 h

Nous sommes dans les faubourgs de BERLIN, les maisons sont coquettes, jardinets fleuris, propreté générale, architectures très variées.

Arrêt à la première gare, peu animée, des trains de banlieue circulent électriquement mais sont peu chargés.

Enfin, la gare de BERLIN : FRIEDRICHSTRASS, 18h 15, nous sommes arrivés à l'heure exacte. La gare est simple, assez réduite ; cela tient à ce qu'à BERLIN il n'y a pas de grandes gares, la ligne de chemin de fer traversant la ville de part en part par son centre ; il y a une demi-douzaine de petites gares.

Nous sommes attendus à la gare par un envoyé de l'Hôtel Hermès où nous devons séjourner ; nous l'apercevons tout de suite de l'autre côté de la Sprée transformée en canal où passent de lourdes péniches.

Arrivée à l'hôtel ; nos chambres sont au deuxième étage, très propres et bien aérées. Premier contact avec la ville en prenant à gauche du chemin de fer. C'est une déception, il y a peu d'animation.

Au retour à l'hôtel il est 19 h 30. Nous y retrouvons deux autres industriels faisant également le voyage en U.R.S.S. Ils sont arrivés à BERLIN en avion avec seulement 4 h 30 de vol alors que nous avons fait 19 heures de chemin de fer. Nous comprenons mieux les grands voyages avec la nouvelle locomotion. Nos deux nouveaux collègues sont jeunes, tous les deux aviateurs ; ils sont venus dans un appareil trimoteurs de 10 places et ils nous expliquent leurs impressions au-dessus de l'Allemagne. Peu de circulation, peu d'activité dans les usines. Ce pays donne l'impression de vivre au ralenti.

Le diner est assez convenable et nous sortons tous ensemble (nous sommes sept maintenant). Promenade dans le centre de la ville, cette fois côté droit du chemin de fer. L'aspect est tout différent, la circulation et l'animation beaucoup plus grandes, les enseignes lumineuses abondent, de grands magasins étalent leurs marchandises à de très belles vitrines. Nous voici dans la plus grande avenue de BERLIN, 4 km de long, une voie de circulation de chaque côté, une longue promenade plantée d'arbres au milieu. Nous suivons cette avenue jusqu'à la Place de PARIS où se trouve la porte de BRANDEBOURG.

Nous remarquons au passage un musée pour évoquer la grande guerre avec des affiches démontrant par le dessin, la faiblesse actuelle de l'Allemagne à côté de ses voisins. De grands magasins d'automobiles dont celui de Citroën voisinant avec celui de Mercédès et d'Opel.

Arrêt dans un grand café, peu de consommateurs à côté de celui d'en face où nous ne pouvons nous placer tant il est bondé. Les consommations sont assez chères : 8 marks pour nous sept, soit 48 francs[3].

Retour à l'hôtel à 23h 30. J'ai l'impression que je vais bien dormir pour me rattraper un peu de la nuit passée dans le train. Etonnement, mon lit n'a qu'un drap et un édredon assez léger ne couvrant que la moitié du lit. Bonne nuit. Réveil à 8 heures.

13 juillet

Le soleil entre dans ma chambre malgré les persiennes et les double-fenêtres. Dans mon sommeil j'ai déplié l'édredon.

Petit déjeuner pris ensemble. Promenade en ville (à 5) ; visite du grand bois où se trouvent étalés les monuments des représentants de la dynastie allemande et prussienne. Belles allées, monuments imposants de la victoire de 1870-71, presque tous en marbre.

Visite du monument de Guillaume 1er ainsi que du tombeau du soldat inconnu, à la porte duquel deux sentinelles rigides montent continuellement la garde.

Retour à l'hôtel. Nous occupons une table de cinq. Les deux autres industriels n'ont pas été vus de la matinée. Nous sommes servis par une magnifique jeune fille blonde, laquelle, de l'avis unanime a un sourire enchanteur, une frimousse réjouie, mais qui malheureusement, ne comprend pas un mot de français. On réussit néanmoins à lui faire

---

[3] 48 francs : 188 €

comprendre quelques compliments et nous la voyons sourire en rougissant.

L'après-midi, visite de la ville en autocar de 15 h à 17 h. Vraiment BERLIN est également une belle ville, très particulière ; son ensemble est très varié, un peu trop sévère mais de très belle allure, surtout pour les immeubles qui datent. Quelques nouveaux bâtiments en ciment armé, du type américain qui changent totalement la note générale.

17h 30

Nous rentrons à l'hôtel, où nous retrouvons nos deux autres collègues. Ils étaient allés à la baignade en compagnie d'une aviatrice. Nous réglons les menus frais et partons pour la gare. Démarrage à 18h 30 dans le même train abandonné la veille. A la sortie de BERLIN, l'aspect de la campagne parait moins riche, les bois sont plus nombreux. Diner au restaurant. Nous retenons nos places en sleeping. Entre 23 heures et minuit, passage des gares frontières allemandes et polonaises. Arrêt prolongé, visite de la douane polonaise. Il nous tarde de retrouver notre wagon…. Enfin le coucher.

14 juillet

Très bonne nuit. Lever à 8h 30. La voie court toujours dans une plaine mais celle-ci a bien changé. Ce ne sont plus les mêmes régions, les villages paraissent pauvres, les maisons sont plus rares, la plupart construites en bois, couvertes en chaume, quelques moulins à vent arrêtés. Beaucoup de bois et de taillis, la terre est pauvre, des marais ;

nous traversons deux fleuves sur de grands ponts métalliques dont l'un a été détérioré par deux explosions. VARSOVIE a été dépassée à 6 h du matin alors que nous dormions. Un arrêt à BIALYSTOK. On nous offre des cartes postales. J'en prends une comme souvenir, avec les timbres ; elle me coûte 50 pfennigs, soit 3 francs[4].

Maintenant la voie est unique, la campagne parait de plus en plus pauvre, on voit des cigognes dans les champs, le terrain est devenu très varié et un peu accidenté, mais aucune montagne à l'horizon. Nous avons droit au sleeping jusqu'à midi. Il est 11 h 30 ; il va falloir retourner à nos places de 2ème classe alors que tous nos collègues voyagent en 1ère classe.

Ce soir nous coucherons dans le train soviétique, puisque nous ne devons arriver à MOSCOU que demain matin vers 9 heures et demi. Quelle distance et que le temps est long !

17 h 15

Nous voici à STOLPCE, la dernière gare frontière polonaise. Un poste de soldats en arme assiste à l'arrivée du train. Des inspecteurs procèdent à l'examen des passeports. Nous repartons pour arriver un quart d'heure après à la ligne de frontière polono-soviétique. Les deux postes militaires polonais et russe sont distants à peine de trois cent mètres. Le train est arrêté à chaque poste et visité, dedans, dessus et

---

[4] 3 francs = 12 €

dessous par les russes. Après cette visite minutieuse des soldats en arme, nous repartons et quelques instant après, nous arrivons à la première gare russe : NIEGRELAGE. Visite de douane. On nous retire nos passeports, comme cela a été fait d'ailleurs en Allemagne et en Pologne, pour nous les rendre au départ sur un quai opposé. La salle de la douane est neuve, spacieuse, bien aérée, décorée intérieurement de la carte de l'U.R.S.S. avec indication de la production économique du pays.

Deux grands tableaux allégoriques du travail ornent cette salle. D'un côté des vues d'usines, de l'autre une scène de battage du blé. De chaque côté court une banderole avec cette indication en quatre langues : « Prolétaires de tous pays, Unissez-vous ». La visite des bagages se fait très correctement et sans insistance. On déclare son argent dont le montant est vérifié et noté. Les appareils photographiques font l'objet d'une déclaration signée pour contrôle au retour.

On avance les montres de deux heures. Arrivés à 17h 45, heure française, nous repartons à 20 h 30, heure russe, après avoir retiré des tickets pour avoir des draps à nos couchettes, lesquels nous sont remis en sacs cachetés. Nous voici devant le train russe ; nos tickets indiquent nos numéros de place, wagon 3. J'ai le n° 13, M. L..., 14, et nos deux collègues, 15 et 16. Nous sommes quatre par compartiment. Les wagons sont plus spacieux que les nôtres, plus larges et plus hauts, mais ils sont anciens et sales et sentent mauvais. Le premier contact avec la Russie soviétique n'est pas engageant. Visite au wagon restaurant pendant que l'on nous prépare nos couchettes. L'extérieur de ce véhicule nous semble également archaïque comme la totalité du train. Pourtant des fleurs aux ouvertures peuvent nous promettre certaines satisfactions culinaires. Erreur complète, le restaurant sent encore plus mauvais que notre compartiment. Il s'y dégage une sorte d'odeur impossible à déterminer, mais que mon compagnon de compartiment qualifie « d'odeur de chinois ». Nous voici à table avec le groupe de sept français et trois ou quatre autres personnes. Le service y est fait par petites tables de deux ou de quatre. Le personnel est obséquieux mais sa propreté laisse à désirer, ça n'est pas très encourageant surtout avec l'odeur qui nous environne et dont nous commençons à nous imprégner. Enfin il nous est servi un bouillon, de la viande avec des macaronis gris et ignobles, du pain de trois couleurs : blanc, gris et noir, de qualité aussi mauvaise les unes que les autres, surtout en allant vers le noir. Puis comme dessert, des petits biscuits dont le plus mauvais fabricant français aurait eu honte.

Nous regagnons nos places après avoir réglé l'addition en francs français, prévenus par une tentative de l'un de nos amis d'un règlement désastreux en roubles. Les roubles propres n'ont presque pas de pouvoir d'achat et M. L…. ainsi qu'un autre collègue en ont pris chacun pour deux cents francs[5] au change soviétique à 13,60 le rouble. Opération fructueuse mais pas pour eux !

---

[5] 200 Francs = 785 €

Nous sommes dans nos compartiments, cette fois transformés en dortoirs ; deux couchettes de chaque côté. Nos installations sont assez pittoresques et nous nous amusons beaucoup jusqu'à l'extinction des feux décidée assez tardivement. Nous nous endormons les uns après les autres, sans doute en pensant que le paradis soviétique est loin de nous enthousiasmer. Un détail : nos couchettes ne comportaient que des draps de modeste dimension et pas de couverture. Pour combattre l'odeur on avait laissé entrer l'air, mais incommodés par la fraîcheur de la nuit, et à cause du balancement accentué du train, il ne nous a pas été possible de dormir convenablement. Le garçon des couchettes avait de la bonne volonté, mais le malheureux était presque répugnant. Il nous a réclamé un pourboire en allemand, estimant que lorsque l'on pouvait voyager en couchettes « avec des draps », comme nous le faisions, il fallait être fort riches.

Au moment d'un arrêt, je risque un œil dehors. Nous sommes dans une grande gare où règne une certaine animation. Il y a beaucoup de monde sur le quai, de pauvres gens, ayant l'aspect minable et même misérable, se déplaçant sans doute pour rechercher ailleurs quelques avantages nouveaux et problématiques. Nous sommes le 15 juillet à 5 h du matin et malgré cette heure matinale, les femmes et les enfants sont pieds nus sur le quai. Cette même scène s'est renouvelée plusieurs fois pendant le parcours de la matinée.

Des équipes de poseurs de voies sont constituées de deux hommes et de quatre femmes ; ces dernières sans chaussures, tête et bras nus sous le soleil manient pelles et pioches comme les hommes. Nous traversons d'immenses gares de triage, aux nombreux rails rouillés donnant l'impression d'un trafic insignifiant relativement à leur importance ; de grands dépôts de machines presque inutilisés, réellement on constate « qu'il y a quelque chose de dérangé ». Partout le désordre semble régner, des amoncellements de bois, de briques et de matériaux de toutes sortes attendent depuis longtemps des destinations définitives et se détériorent.

Le soleil monte toujours. De grandes plaines, d'immenses prairies ou forêts, quelques villages qui se ressemblent tous avec leurs maisons en rondins de bois et toitures de chaume. Les occupants ne doivent pas être jaloux les uns des autres ! Dans les champs, des groupes au travail, par dix, quinze et même vingt, semblent réserver leur faible ardeur commune au travail en se plaçant sans doute de façon à se rendre compte s'ils n'en font pas plus que les voisins. Quelques troupeaux de chevaux et de vaches paissent tranquillement.

Enfin, nous voici dans la banlieue de MOSCOU. Les maisons sont de plus en plus denses, beaucoup ont des antennes de T.S.F. Des usines ou des fabriques apparaissent ; tout semble être dans un désordre formidable et dans des conditions d'entretien déplorables. On doit s'occuper exclusivement de l'indispensable. C'est bien MOSCOU. Quelques minutes à travers l'immense ville et c'est l'arrivée à la gare. Un agent de l'Intourist s'annonce, s'occupe de nos valises ;

nous sortons de la gare et deux puissantes automobiles toutes neuves, (marque Lincoln !!!) nous attendent et nous conduisent à l'hôtel Savoy au milieu d'une foule presque grouillante dans laquelle les conducteurs foncent sans aucun souci, en jouant du klaxon et de l'accélérateur. Ce sans-gêne nous étonne un peu sur le moment, ne voyant aucune réaction de la part des gens plus ou moins frôlés et dont beaucoup se « trottent » devant les insolentes voitures. Après réflexion, nous estimons que ce public ne pouvait maudire les voitures que nous occupions puisqu'il en en est le propriétaire ! Mais pourquoi ce grouillement ? Notre guide nous explique que MOSCOU a maintenant trois millions et demi d'habitants et que sa population a presque doublé depuis la révolution. On y est venu de partout, sans doute pour être plus près du « soleil soviétique » ou du moins de « l'Etoile » internationale, l'espérance de tous.

Nous voici à l'hôtel Savoy. C'est un palace qui a entièrement conservé son luxe. On nous distribue nos chambres. La nôtre a deux lits, elle est précédée d'un bureau-salon assez luxueux avec téléphone. Elle a une odeur de renfermé, ce qui prouve que l'hôtel ne doit pas travailler beaucoup. Nous touchons des tickets de repas, déjeuner, diner et souper, pour lesquels on nous indique les heures : jusqu'à 11 heures pour le déjeuner, jusqu'à 17 heures pour le diner et 23 heures pour le souper.

De midi à 14 heures, visite générale de la ville en automobiles, les Lincoln dévalent à toute allure dans les avenues, boulevards et rues, dont le pavage est singulièrement défoncé, ce qui oblige à de sérieux et fréquents ralentissements pour ménager les ressorts. Je prends quelques photographies, mais notre guide m'a recommandé de ne pas prendre le portes du Kremlin, gardé militairement, ni le tombeau de Lénine qui est très imposant. Sur la grande place, nous remarquons aussi un édicule[6] tragique, la fameuse rotonde des exécutions.

Un petit frisson nous passe dans le dos en pensant aux nombreuses têtes qui ont été coupées à cet endroit. La fameuse église St Basile retient beaucoup notre attention, sa construction est vraiment particulière : la légende raconte que l'architecte aurait eu les yeux crevés, pour qu'il ne puisse jamais en faire une autre plus belle. Nous voici sur les bords du canal qui longe le Kremlin. La vue est splendide et évoque la magnificence du Tsarisme : trois chapelles s'alignent avec leurs dômes gothiques, du plus heureux effet. Enfin, ce sont les rues grouillantes de tramways, pleins à craquer qui circulent avec deux grandes remorques dans un grand bruit de ferraille dénonçant le mauvais entretien de ces véhicules, lesquels, comme les wagons qui nous ont amenés de la frontière, ne semblent pas avoir été lavés autrement que par l'eau du ciel. Après avoir parcouru la ville dans tous les sens, nous rentrons à l'hôtel. Il est près de 15 heures. Nous expédions des cartes postales qui nous coûtent avec les timbres à peu près 1 franc 65 l'unité[7]. Je suis interviewé par une jeune anglaise, reporter d'un journal anglais imprimé à MOSCOU. Elle voudrait

---

[6] Chapelle ou dépendance d'un édifice religieux.

[7] 1,65 ancien franc = 6,48 €

connaître nos impressions de voyage, ce qui amuse beaucoup mes collègues.

Nous allons à la salle à manger pour le dîner que nous apprécions davantage que celui du wagon restaurant. A 17 heures, nouvelle sortie, toujours en auto, même voiture. Cette fois c'est vers le grand parc que l'on nous emmène. L'aspect de la ville, de quelque côté que l'on puisse aller est toujours le même. On ne doit faire aux maisons qu'un entretien tout à fait sommaire. Qu'adviendra-t-il de cette négligence d'ici quelques années ? Beaucoup de vitres sont cassées, non seulement aux fenêtres mais aussi aux devantures ; dans les vitrines très abondantes du reste, rien ou presque n'est exposé en dehors des Torgsin, magasins de l'Etat où l'on vend toutes sortes de marchandises. Nous voici au fameux parc des sports, grand stade avec piste cyclable de 673 mètres de tour ; au-dessus des tribunes, Staline en uniforme en couleurs, découpé sur bois à une très grande échelle domine l'installation. De nombreux projecteurs doivent le soir inonder ces lieux de lumière, où partout le drapeau rouge s'étale. Mais pour certains, l'écarlate de l'étoffe est sérieusement atténué. Nous souhaitons qu'il en soit de même un jour pour le régime ! Là toutefois, une organisation sérieuse d'éducation physique a été réalisée. Des cours pratiques sont à la disposition des enfants dans d'assez vastes salles en bois et l'on s'occupe beaucoup de leur distraction.

Nous passons devant les terrains de l'aviation soviétique, mais pour visiter il nous aurait fallu une permission. Un gros avion évolue dans le ciel, fait quelques acrobaties, lesquelles, aux dires de nos deux collègues aviateurs sont très bien réussies et présentent même une certaine audace. Les Soviets peuvent avoir aussi des as, mais nous nous demandons comment peuvent être récompensées leurs prouesses. Nous traversons une sorte de Luna-Park où à peu de frais, les amusements abondent. Dans une allée du parc de nombreux bustes sont alignés. Ils représentent les ouvriers dits « de choc » qui se sont distingués par leur travail. Ils ont peut-être une certaine fierté à se contempler, mais on observe que cela doit leur faire « une belle jambe ».

Nous rentrons de nouveau à l'hôtel. Il est environ 19 heures. Puis M.L... et moi sortons seuls à pied ; nous voulons sentir de plus près la vie de ce peuple qui nous donne l'impression d'un asservissement sans nom. Nous cherchons partout à risquer un œil dans les portes entrebâillées, aussi bien dans les rez-de-chaussée que par les soupiraux de sous-sol, et de beaucoup d'endroits, nous nous retirons vivement chassés par les relents de puanteur ; toujours la même odeur, mais si accentuée à certains endroits qu'il fallait avoir le cœur solide pour y résister.

Presque partout de longues files de gens font la queue, sans doute pour avoir ce qui est nécessaire à leur existence. En France on a vu cela dans les grandes villes pendant la guerre, tant pour le pain que pour le charbon, mais ici, quinze ans après la révolution, le système continue et il ne semble pas y avoir d'autres solutions. Même pour boire, s'il y a quelques établissements où les étrangers peuvent s'attabler, rien n'existe pour le peuple en dehors des distributeurs, sorte de postes où les gens peuvent avaler, debout, le contenu d'un gobelet de bière, de thé de café ou autre mixture, après avoir attendu souvent en plein soleil leur tour de passer.

La mise des gens est assez uniforme, mais les teintes des vêtements varient. Le blanc domine pour les blouses des hommes, qui sont portées avec une ceinture à la taille ; beaucoup d'hommes ont la tête nue, d'autres ont le petit calot russe, le chapeau est très rare. Quant aux femmes, une sorte de mouchoir leur enveloppe la tête, blouse longue et robe courte. La moitié sont pieds nus, les autres ont des sandales ou des espadrilles ; porter des souliers est une exception. Les enfants sont plus pitoyables encore. Ils doivent être vraiment malheureux, sauf ceux qui se trouvent à proximité des centres d'éducation physique et manuelle installés dans le grand parc en bordure de la Moscova. En dehors de cet endroit particulier, l'enfant semble abandonné à lui-même. Pas un n'a de chaussures et beaucoup sont en haillons, comme les petits bohémiens de chez nous ; certains dorment sur les trottoirs. Pauvres gosses, que de souffrances ils doivent endurer l'hiver !

Cette journée est extrêmement chaude, nous avons soif, mais inutile de chercher un rafraichissement, en ce moment nous envions presque les « camarades » qui avalent leur verre devant les distributeurs ! Les tramways, malgré l'heure avancée de la journée sont toujours pleins à craquer. Il parait que pour dix kopecks, on peut y rester autant que l'on veut. Maintenant, cette foule est-elle heureuse ? Non, ce n'est pas possible à en juger par l'air attristé de tout individu ;

personne ne rit ; on parle peu, pas un chant, pas un sifflet ne vient égayer ces lieux où tout le monde a l'air de se suspecter profondément.

La nuit est venue. L'éclairage général est faible, à part les soirs de réjouissances politiques où les projecteurs doivent entrer en jeu. Il n'y a aucun doute : on cherche à faire des économies de lumières. Nous frôlons de nombreux groupes avec un semblant d'indifférence et nous n'entendons aucune réflexion.

Nous voici de retour à l'hôtel. Il est 21 heures. Ces divers déplacements, sous un soleil de plomb nous ont fatigués sans nous l'avouer ; nous commençons à douter sérieusement de notre résistance physique pour pousser plus loin notre voyage. J'échange à ce sujet quelques impressions ; M. L... et moi sommes bien du même avis et au grand désespoir de nos compagnons de route, nous décidons, en principe, de faire retour en arrière le lendemain au lieu de pousser plus loin cette aventure. Tous les deux nous en avons assez vu. Par-dessus le marché, nous ne nous attendions pas à tant de frais supplémentaires de voyage et nous sous demandons si nous ne risquons pas une « panne d'argent » en voulant faire la Sibérie. Pour cette fois la Russie nous suffira, et c'est avec une certaine gaieté que notre souper se passe, pendant que nos collègues se désolent de nos velléités d'abandon.

Le hall de la salle à manger est très bien, très luxueux ; le plafond est richement décoré avec des glaces ; au milieu de la rotonde centrale se trouve un petit bassin dans lequel nous remarquons, quelques poissons et une minerve qui forme jet d'eau. Un orchestre de

7 musiciens nous fait un concert un peu trop bruyant qui nous fatigue plutôt. Et tout cela pour une quinzaine de personnes. Les mets sont assez bien présentés, mais la cuisine est tout à fait particulière, on s'y habituerait difficilement. Toutefois le service est convenable et c'est également très propre.

Combien sommes-nous dans l'hôtel ? Je l'ignore mais le personnel est important ainsi que les bureaux. Naturellement, l'établissement, comme tout ce qui existe en Russie est la propriété de l'Etat, à qui il faut rendre des comptes. Dans la journée, nous avons fait quelques acquisitions et même pour les cartes postales, il faut que la caisse établisse une fiche. En tout cas, ce personnel est très serviable, à toutes les entrées et les sorties, on nous salue militairement au « garde à vous ».

Il est 23h 30 quand nous regagnons nos chambres. Quelqu'un nous avait annoncé que nos bagages seraient sûrement visités pendant notre absence, par la Guépéou et peut-être aussi par des maraudeurs ; cela n'était pas rassurant de sorte que je ne m'attendais pas à retrouver tout mon matériel. Il n'en a rien été ; je ne crois pas qu'une visite intéressée ait été faite pendant notre promenade. Nos lits sont engageants, surtout après une journée aussi bien remplie. Pour plus de sécurité, nous mettons une chaise en travers de la porte.

Dimanche 16 juillet

Lever à 8 h. Déjeuner à 9 h. Nos collègues font leurs préparatifs de départ pour la Sibérie ; ils doivent quitter MOSCOU à 10 h pour

MAGNITOGORSK, ville importante faisant partie du plan quinquennal où se trouvent des gisements considérables de minerai de fer, d'où son nom qui veut dire « montagne magnétique ». Ils doivent y arriver que dans trois jours. Dans ce laps de temps, nous serons sans doute de retour à PARIS car notre décision est irrévocable, à leur grand désespoir ; nous sentons que c'est sans grand enthousiasme qu'ils continuent à faire ce voyage. Un Belge d'une soixantaine d'années s'est joint à eux, nous nous serrons la main, heureux d'avoir fait connaissance et leur souhaitons bon voyage. Les deux industriels aviateurs promettent d'amener leur « zinc » à Montluçon. Ils sont tous les deux de CHARLEVILLE. Nous échangeons des cartes de visite, leurs autos démarrent.

Ce n'est pas sans une certaine impression que nous voyons s'éloigner l'automobile emportant nos collègues, car les régions qu'ils vont visiter avaient été la cause déterminante du voyage entrepris. Tant pis, au risque de passer pour manquer d'audace, nous pensons surtout à nos forces, à nos affaires et aussi à notre argent car jusqu'ici nous n'avons pas cessé de mettre la main au portefeuille, avec le change spoliateur, alors que nous supposions que tout devait être compris. Avoir une panne d'essence en France, c'est quelquefois désagréable, mais une panne d'argent dans un pays où le capital a disparu, c'est une aventure que nous ne voulons pas tenter. Nous n'avons aucun regret, ni l'un ni l'autre et estimons ensemble que nous agissons en gens sages. Nous n'avons pas décidé ce voyage avec l'intention de battre des records de distance ou d'endurance.

Dès le matin nous avions réclamé nos passeports pour le retour ; comme c'était dimanche, aucun visa n'était possible dans les ambassades polonaises et allemandes, lesquelles malgré l'absence de calendrier soviétique, observent le repos dominical. Nous nous apercevons que le visa polonais est valable. Nous n'aurons donc pas à attendre le lendemain pour partir. Quant au visa allemand, cela ne nous dérangera pas de l'obtenir à VARSOVIE, puisque nous voulons nous y arrêter le lendemain.

Le prochain train est à 23 h, nous avons donc encore toute la journée à passer à Moscou, ce que nous allons mettre à profit.

De suite, nous allons au bureau d'Intourist pour signaler notre décision de départ et voir s'ils ont reçu les instructions remises à l'hôtel à notre guide ; tout est arrangé, notre départ est assuré, mais nous ne savons pas encore si des couchettes pourront nous être réservées dans le train où nous devons passer la nuit. A la grâce de Dieu !

Pour prendre un peu de repos, nous nous installons au café d'un grand hôtel, mais notre vocabulaire est restreint. Pour ne pas compliquer l'eau minérale est devenue notre boisson favorite à l'un et à l'autre, en même temps que la plus économique. Seuls, les étrangers, les fonctionnaires, les officiers soviétiques peuvent s'offrir la grande satisfaction d'un siège dans ce café du paradis rouge. Nous faisons une promenade en ville. C'est dimanche au calendrier, mais pas ici ; aucune transformation ne s'est produite, c'est toujours la même foule, mise dans les mêmes conditions, se déplaçant avec la même hystérie, vers quels buts ? On ne peut comprendre. Nous remarquons encore particulièrement l'état d'abandon de très beaux immeubles, la peinture n'a été renouvelée nulle part ; pourtant çà et là on retouche certaines façades, car beaucoup ont été altérées par les gelées, les tuyaux de descente d'eau sont disloqués et crevés, quelle misère ! Que deviendront ces beaux immeubles dans quelques années ?

A côté de notre hôtel, on surélève une imposante construction de plusieurs étages avec de la brique ; ramassées à terre par des femmes, ces briques sont mises sur des brancards et portées à l'intérieur de l'immeuble, au monte-charge sans doute. Naturellement ces femmes ont les pieds nus, mais heureusement elles portent de gros gants de cuir pour protéger leurs mains. Ce sont en général de petites femmes trapues, comme celles que nous avons déjà rencontrées faisant l'entretien des voies ferrées ; elles ont un air triste et paraissent résignées à leur sort.

A l'hôtel, on nous propose la visite de la prison ou plutôt de « l'isoloir » car, au dire de notre guide, en Russie Soviétique, il n'y a plus de prison ; on « isole » les voleurs et les criminels et on les fait travailler dans des fabriques installées à cet effet.

Midi.

Nous voici de nouveau dans les puissantes voitures « Lincoln », des huit litres parait-il, soit 30 à 40 chevaux. Nous traversons la ville de part en part et parvenons devant le fameux « isoloir ». Un bruit de verrous, la porte s'ouvre, nous sommes dans le poste de garde. De nombreux gardes rouges sont là, nous sommes reçus aimablement et la visite commence. Une filature retient particulièrement notre attention : des métiers y sont installés faisant un bruit assourdissant ; ensuite c'est une fabrique de tapis, tissage de soie, puis une serrurerie pour l'entretien. Les prisonniers sont nombreux, on nous parle de 1 200. Leurs mines sont très variées, mais Grand Dieu, si beaucoup ont un air tranquille, même satisfait, d'autres ont de véritables figures de brutes.

On nous guide dans une petite salle de spectacle comportant bien 250 à 300 places ; le garde rouge qui nous accompagne et qui est flanqué de son supérieur à casquette blanche nous explique les bienfaits du régime soviétique, ainsi que les conditions de séjour dans cet « isoloir », fait, d'après lui, pour le relèvement moral des prisonniers. Il n'y a rien de spécial dans cet établissement lequel ressemble au fond à une grande maison de correction où les égarés et les condamnés, en peinant, se réhabilitent. Leurs conditions d'existence sont toutefois peu désirables, à en juger par les dortoirs dans de grandes salles ayant de 15 à 25 lits, garnis de planches et d'une seule couverture ; la nourriture n'est probablement guère enviable. En sortant des dortoirs, nous nous trouvons entourés de tous ces prisonniers que nous coudoyons dans les escaliers, nous formant la haie dans le vestibule et dans la cour ; sans les gardes rouges en arme, n'aurions-nous pas eu à subir quelques insultes à en juger par le regard dur et mauvais de certains de ces hommes. Nous passons devant une fabrique de fécule pour enfants d'où s'émane une odeur d'huile chaude ; en raison de la poussière qui se dégage de cet atelier, on ne le visite pas. Nous voici à la sortie, un garde rouge nous demande si nous voulons écrire nos impressions sur le « livre de la maison » ; une jeune anglaise écrit quelques lignes ; Monsieur L… et moi le dernier en faisons autant ; j'écris : « si j'ai bien compris les explications qui nous ont été données, on est présence d'une belle œuvre de relèvement moral ». Pendant que je traçais ces quelques mots, la douzaine de visiteurs que nous étions, quittait le poste de garde et j'entendais le verrou se fermer bruyamment derrière eux, j'étais donc seul à l'intérieur de la prison ; nouveau jeu de verrou, me voici également dans la rue.

Les « Lincoln » nous ont attendu et nous ramènent à l'hôtel ; il est près de 15 h ; nous déjeunons et sortons ensuite faire quelques achats au Magasin d'Etat dit « Torgsin », accompagnés d'une dame de l'Intourist, ce dont nous sommes très heureux ; sans sa présence nous ne serions pas arrivés à nous faire comprendre. Nos emplettes faites, nous rentrons de nouveau à l'hôtel pour y déposer nos acquisitions, sans bien savoir si nous avons fait de bonnes affaires en raison toujours du change <u>scandaleusement abusif</u>. Tant pis, nous n'emportons seulement que quelques souvenirs de la Russie. A titre de renseignement, un renard argenté vaut de 1300 à 1500 francs[8], soit la même valeur qu'en France, mais beaucoup de choses sont à des prix exorbitants (Change : Rouble = 13,60 pour pouvoir d'achat de 2 à 3 Francs).

Ayant encore quelques instants avant le coucher du soleil, je sors cette fois seul, Monsieur L… n'ayant pas voulu m'accompagner,

---

[8] 1300 à 1500 francs : de 5100 € à 5900 €

emportant mon kodak pour prendre quelques photos, surtout celles qui m'avaient été défendues par les guides, tant pis, on verra bien ; bien entendu je m'arrange pour réduire le plus possible les apparences, car les gardes rouges sont nombreux ; partout les agents de la circulation sont là et toujours des fonctionnaires avec leurs portefeuilles à soufflet. Je ne suis pas inquiété et rentre à nouveau à l'hôtel, mais qu'adviendra-t-il de mes photos à la douane, à la sortie de Russie, puisque j'ai dû déclarer mon appareil à l'entrée et signer un engagement dont je n'ai pu avoir connaissance du libellé, celui-ci étant imprimé en russe.

A l'hôtel on nous annonce que nous allons avoir deux places dans le sleeping de 1ère classe. Nous nous réjouissons, car nous appréhendions fort de repasser encore une nuit sur les banquettes d'un wagon de 2ème classe. Nous faisons nos préparatifs de départ, nos valises sont bourrées à craquer comme les tramways de Moscou. Nous descendons pour souper.

22 h

Une « Lincoln » reste devant l'hôtel ; après règlement de nos menus frais, nous montons dans la belle voiture pour la dernière fois et en route pour la gare ; celle-ci est assez éloignée et cette nouvelle promenade nous donne une autre impression de Moscou le soir avec ses quelques enseignes lumineuses, dont certaines sont détériorées. La guide d'Intourist nous accompagne, la même qui s'est occupée de nous pour les formalités de retour ainsi que pour nos achats dans le Torgsin ; c'est une femme de trente-cinq ans environ, pas jolie, mais d'une prévenance et d'une affabilité remarquables. Nous reconnaissons qu'elle a été pour nous d'une très grande amabilité et décidons de lui offrir un pourboire convenable, mais elle ne s'y prête pas en raison de la présence du chauffeur « pas devant l'homme » dit-elle. Nous traversons la gare, nos valises portées par des employés qui se sont précipités à l'arrivée de l'automobile ; nous voici sur le quai. En effet cette fois il y a un sleeping russe de 1ère classe ; nous trouvons nos compartiments indiqués sur nos tickets, notre guide est montée avec nous ; je profite de l'occasion pour lui glisser le pourboire qu'elle semble prendre avec beaucoup de satisfaction. Sur le quai se trouve un groupe d'une dizaine de personnes mises à l'européenne. Notre guide nous montre le ministre russe de l'Instruction Publique, une femme écrivain russe très jolie mais un peu forte, plusieurs autres personnalités et une actrice supposée européenne. Notre guide apprend que c'est à cause du Ministre qu'un sleeping a été mis au train ; nous sommes donc heureux de profiter de cette aubaine. Voici l'heure du départ, nous assistons aux effusions du groupe ministériel et de notre côté, nous nous contentons de serrer à nouveau la main de notre aimable guide qui insiste pour que nous revenions, ce que nous lui laissons espérer.

Il est 23 h exactement ; le train démarre doucement et glisse entre deux haies de gardes rouges espacés de 25 mètres dans une attitude d'immobilité complète. Ce train n'était sans doute pas très fréquenté, en raison de sa direction et il était isolé du reste de la gare derrière une grille ; d'autres trains étaient en partance autour desquels il existait beaucoup plus d'animation.

Dès le départ du train, l'employé du sleeping nous fait signe de le suivre, nous ne savons pas bien pourquoi. Enfin toujours dociles nous le suivons et nous nous trouvons au bout du wagon en face d'un samovar en pleine activité. Nous comprenons alors la dernière prévenance de notre guide dont nous n'avions pas compris l'intervention qui consistait à nous faire offrir à chacun une bonne tasse de thé. Nous reconnaissons sur le champ que nous aurions peut-être fini par nous accommoder avec les Russes et nous faisons honneur à cette prévenance en buvant le contenu de nos tasses « à l'avenir meilleur de la République soviétique ».

Le train roule doucement pour sortir de la ville. Sans doute que les aiguillages assez nombreux ne sont pas absolument sûrs. Enfin les dernières lumières de cette étonnante ville disparaissent ; nous songeons à nos couchettes avec l'espoir qu'elles seront plus confortables que celles de l'avant ville. En effet, cette fois, nous avons des couvertures, matelas et draps compris dans la valeur du billet qui nous a été remis au départ ; nous n'avons pas à débourser d'argent supplémentaire et, chose intéressante, notre cabine est seulement à deux couchettes, de sorte que nous sommes mieux à notre aise.

J'occupe à nouveau la couchette du haut, mais il n'y a pas d'échelle ni d'escabeau pour grimper, ce qui n'a pas d'importance pour moi, mais comment doivent faire les 100 kg et plus pour prendre possession de ce perchoir ? Il doit se passer des scènes assez typiques dans ce réduit. Bon, voici que par suite d'un mouvement brusque du train, je me cogne la tête contre l'ampoule électrique du plafond ; j'ai l'impression qu'une fêlure s'est produite, mais j'ai le crâne solide et c'est la bobèche qui a cédé à en juger par un petit éclat tombé sur le plancher. Enfin après quelques contorsions pour me dévêtir sur ma couche, je m'allonge pour essayer d'entrer dans le pays des songes, cependant que le train à une allure qui est loin d'être folle, cherche à sortir du pays des va-nu-pieds ; ma couche est bonne.

Premier réveil. Le train est arrêté. Il est 5 h, j'ai l'impression d'avoir bien dormi ; la fatigue de la veille en est la cause. Nous sommes dans une grande gare à en juger par les nombreuses voix entendues, ce que je constate du reste en relevant le rideau. Il fait grand jour ; le soleil est déjà vif. Un autre train est en face allant en sens inverse. A quelques mètres de moi éclate une discussion qui devient de plus en plus animée. Je ne comprends pas les paroles mais par les gestes, je suppose qu'il y a désaccord sur le prix d'un service. Un paysan réclame sans doute à une famille qu'il a amené à la gare avec ses bagages, le prix du transport. La famille est composée du père, de la mère et de trois enfants, un garçon de 13 à 14 ans, qui est peut-être un domestique et deux petits-enfants, l'un dans les bras de la maman et l'autre sur le quai ayant à peine 2 ans, grelotte littéralement, ayant la tête et les jambes nues, rien aux pieds ; la mère a les jambes et les pieds nus ; le papa et le garçon ont tous les deux les jambes et les pieds enroulé de chiffons ligaturés avec des ficelles. La discussion s'est terminée par la remise de quelques billets au paysan, mais celui-ci se ravisant sans doute revient à la charge en montant dans le wagon ; nouvelle discussion presque furieuse, le papa tire son porte-monnaie et donne encore un billet. Novelle scène pénible : deux femmes sont également là se lamentant, la mère et la fille peut-être, toutes les deux ont les jambes et les pieds nus ; la fille a aussi la tête nue, ses cheveux sont en désordre et tombent dans le dos en deux nattes défaites. Que réclament donc ces femmes ? Quel dommage de ne pas comprendre le russe, elles font pitié ; un soldat s'occupe d'elles, il semble embarrassé pour leur venir en aide. Elles brandissent un papier qui me donne l'impression d'un chèque, quelle misère... Indépendamment de ces deux scènes, la note de tenue de tout ce monde est sordide, pauvre Russie.

Le train repart, mon compagnon en sommeil n'a rien vu de ces détails typiques. Nouveau repos. Nouveau freinage. Nous arrivons encore dans une grande gare à en juger par l'importance des voies des hangars de triage et du dépôt des machines. Mais que tout cela est mort, la rouille sur tout ce que l'on voit démontre le peu d'activités d ces lieux. A part quelques wagons chargés de marchandises, c'est un véritable désert de rails. Certaines bretelles doivent avoir près de 25 voies et dire que cette gare possède quatre triages s'étendant sur plusieurs kilomètres ; c'est BUPMA.

Enfin, une autre grande gare, près d'un fleuve dans lequel des jeunes gens font baigner des chevaux. Cette gare est gardée militairement ; des soldats partout. Une petite canonnière peinte en blanc est à quai. Le train roule toujours d'une façon monotone au milieu d'immenses plaines. Il est 8h 30, heure du lever, mais pas de lavabo dans le compartiment. Il faut se servir de celui du wagon. Monsieur L... revient me disant que ce n'est pas très propre pour un sleeping. Je m'y rends et voilà que le verre passant à travers de son support s'écrase sur les tuyaux. Décidemment j'en suis désolé et en informe l'employé qui fait une geste de dédain à l'égard de cet objet.

Après s'être habillés, on est contraint d'attendre la bonne volonté de l'employé pour rétablir notre compartiment ave ses banquettes.

Le train file toujours à la même allure tranquille, à en juger par la cadence des rails, au milieu de l'immense plaine qui n'est plus une nouveauté pour nous. Les deux interminables files de sapins continuent de part et d'autre à border la voie, lorsque celle-ci est en encaissement ; ces sapins disparaissent lorsqu'elle est établie en remblai, mais ces dénivellements sont de très peu d'importance. Je signale que ces deux rangées de sapins sont destinées à protéger la voie contre les accumulations de neige poussée par le vent.

Les villages traversés à cette heure matinale paraissent endormis, on voit un porc, c'est un animal qui doit exciter les convoitises, mais moins facile à cacher qu'une volaille, nous nous demandons qui le mangera.

Le temps passe, nous voici à MINSK. Assez de monde en gare, la ville doit avoir une certaine importance. Un Américain descend du train ; il est accompagné de sa femme et transporte un attirail photographique. Est-ce un journaliste ou un touriste ? En tout cas il a été très fortement impressionné par la baisse du dollar dont nous avions eu connaissance à notre départ de Paris ; il faut croire qu'il n'avait pas facilement des nouvelles de son pays.

Enfin, la frontière russe approche à en juger par un mouvement plus accentué de nos compagnons de voyage. Le ministre soviétique, ses deux secrétaires et l'artiste sont dans le couloir du wagon. Le garçon du sleeping s'approche de moi et me parle en russe ; voyant que je ne comprends rien, le secrétaire du Ministre vient m'expliquer que l'employé me réclame 1 rouble 20 pour le verre que j'ai cassé dans les lavabos. Comme je n'ai pas de rouble, Monsieur L... m'en prête. J'en déduis que d'autres voyageurs ont dû être privés de ce verre, et dans la crainte d'une observation, l'employé s'est résigné à m'en réclamer la valeur en dépit de son geste d'indifférence du moment.

Enfin, nous voilà à NIEGRELOG : tout le monde descend, mais c'est à peine s'il reste une vingtaine de voyageurs. Chacun avec ses bagages à main, va à la salle de visite, la belle salle remarquée à l'aller. La visite des bagages se fait sans trop d'insistance et sans demander les licences de sortie de nos emplettes, remises par les Torgsin. On suspecte toutefois mes pellicules photographiques, mais ayant fait un geste vague en disant le mot allemand « strass », on n'insiste pas. D'autres voyageurs n'ont pas la même chance que moi, contenu dérangé de leurs valises ou colis ne trouve plus les contenants suffisants. Des pellicules révélées sont regardées une à une par transparence ; un service à café en porcelaine appartenant à une dame est retenu, pourquoi ? ... peut-être manquant de licence ne veut-elle pas payer des droits de sortie. Les grands bagages subissent le sort impitoyable des investigations ; ceux de « l'artiste » ne sont pas épargnés, pourtant nous nous demandons ce que devient la protection du Ministre dont elle paraissait être la compagne de voyage...

Après une heure trois quart d'arrêt, nous remontons dans le même train qui doit nous emmener hors frontière à STOLPSE, première gare polonaise. Nous repassons les postes de garde soviétiques et polonais avec les mêmes formalités d'arrêt et d'échange des gardes rouges par les gardes polonais ; comme à l'aller le tain est visité partout par les deux postes militaires.

Enfin voici STOLPSE. Adieu au train russe que nous quittons sans regret, heureux d'être en pays européen. On se croit déjà chez soi, et pourtant... Visite rapide des bagages à la salle spéciale, moins belle que celle des russes, mais plus avenante. Il est environ 11 heures du matin. Nous avançons nos montres de 2 h et le départ est à treize heures trente. Une demi-heure pour déjeuner, c'est peu mais suffisant. Quelle satisfaction que de voir ce buffet tout neuf, bien achalandé et bien garni.

Un groupe est déjà à la table d'hôte, c'est le ministre russe, ses deux secrétaires et « l'artiste ». Nous voulons nous mettre sur la même grande table, mais le garçon nous place tout près à une petite table. Le déjeuner est très appétissant. Nous nous rattrapons de notre abstinence sur la cuisine russe. Ce qui nous étonne l'un et l'autre c'est que les représentants du paradis soviétique aient attendu d'être sortis de chez eux pour se mettre à une table étrangère pour faire un déjeuner rapide d'une demi-heure, alors qu'ils avaient eu 1 heure trois quart d'arrêt à NIEGROLOGE, où le buffet est resté désert. Décidemment les Russes préfèrent donc les douceurs culinaires du régime capitaliste à la cuisine prolétarienne soviétique...

Nous voici sur le quai opposé, le beau train européen est là nous attendant ; quelle différence d'allure et quelle propreté extérieure à côté de l'autre. Nous montons dans un wagon tout neuf, 2ème classe, mais nous y sommes mieux à l'aise que dans le compartiment de 1ère classe russe que nous venons de quitter.

Le train démarre à vive allure. On sent vraiment qu'une autre énergie nous emporte. La campagne défile, il fait beau, la plaine, toujours la grande plaine, mais ici, aucun espace n'est perdu, les céréales sont belles et abondantes, les villages sont animés, les gares sont pimpantes et les voyageurs ont une toute autre allure que ceux que nous venons de quitter. Ce sont absolument des gens de chez nous, avec des souliers, des vêtements propres et des bagages convenables.

Voici une voie transversale avec des ouvrages importants. Notre ligne passe au-dessous de l'autre sous un pont gardé militairement. On se défie des voisins, car Polonais et Russes se regardent comme chiens et chats. Voici un pont métallique que nous avions remarqué à l'aller. Nous passons à petite allure au-dessus d'une brèche encore béante faite pendant la guerre par une bombe d'avion sans doute. Un autre pont à moitié refait auquel on travaille fermement à en juger par l'importance des équipes. Il faut vraiment que la Pologne ait manqué d'argent pour avoir laissé traîner aussi longtemps des réfections de cette nature.

Nous allons diner au wagon-restaurant. Tout est bon et propre, ce qui nous fait vite oublier le régime russe. La nuit tombe, le train roule toujours de plus en plus vite, car nous sommes dans le rapide de Paris. Nous prévoyons toutefois son abandon à VARSOVIE où nous devons arriver vers 21 h. On ne voit plus la campagne que nous avons traversée de jour à l'aller. La locomotive chauffée sans doute en partie au bois, fait par sa cheminée un véritable feu d'artifice d'étincelles.

Enfin voici des lumières dans le lointain qui annoncent une grande ville. Nous traversons un grand fleuve sur un énorme pont métallique de 400 à 500 mètres de longueur. C'est la Vistule, puis c'est l'arrivée en gare en cul-de-sac ; nous voilà à VARSOVIE.

Dès notre descente de wagon, nous sommes assaillis de porteurs à qui nous faisons la sourde oreille, mais ils sont entreprenants et deux d'entre eux finissent par nous arracher nos valises. Nous en déduisons que les pourboires sont recherchés avec insistance, ce qui ne dénote pas de grandes facilités d'existence. La gare présente une grande activité. La foule y est très dense, mais en général de mise très convenable. Quelle différence avec l'allure des grandes gares russes. On a vraiment changé de civilisation. Nous avons l'impression d'être dans une gare française sauf pour ce qui est du dialecte incompréhensible qui nous remplit les oreilles.

Nous nous arrêtons ici pour deux raisons ; une de nécessité : le visa de nos passeports pour la continuation de notre voyage en Allemagne, et l'autre la curiosité, la visite de VARSOVIE ; de plus, un repos à l'hôtel ne sera pas de trop, quoique nous ayons bien dormi dans le sleeping russe la nuit dernière.

Comme hôtel, l'Intourist nous a bien donné une adresse, mais dans la crainte de nous éloigner de la gare, nous faisons le choix du Palace polonais dont nous avons remarqué l'enseigne lumineuse à notre arrivée en gare. Nous nous attendons à un « coup de fusil »…

Arrivés à l'hôtel, nous libérons nos porteurs. Pour faire 150 mètres nous avons dû leur donner à chacun deux zlotys, soit 6,80 francs [9]. Mon compagnon indigné fit remarquer que l'on ne « fabriquait » pas les zlotys. Deux chambres nous sont offertes mais devant leur prix exorbitant nous décidons de prendre une seule chambre à deux lits que l'on nous fait 22 zlotys, soit 75 francs[10]. « Ce n'est pas rien ! », mais nous sommes satisfaits du lieu ; notre chambre est énorme, en pleine façade au 2ème étage.

Nous laissons nos passeports au concierge avec prière de les faire régulariser le lendemain matin par le Consulat allemand. Nous quittons l'hôtel malgré l'heure tardive après nous être rendus compte sur un plan des dispositions de la ville. Se perdre dans une ville française la nuit est assez ennuyeux, mais une aventure de ce genre

---

[9] 6,80 francs = 26,72 €
[10] 75 francs = 295 €

dans une ville étrangère, sans connaître la langue du pays, ça doit être moins drôle.

D'après le plan, deux grandes artères partagent la ville en croix. Nous logeons presque au croisement ; nous voici confiants, et nous sortons. A la porte, nous sommes assaillis pour la seconde fois par un grand jeune homme, presque en haillons, qui mendie. Nous supposons être en face d'un chômeur bien jeune, mais ne possédons pas de monnaie du pays, et sommes obligés d'être réservés.

Dans le boulevard principal, une assez grande animation continue à exister malgré l'heure avancée ; des couples joyeux nous coudoient. Beaucoup de toilettes, de beaux magasins étalent leurs marchandises. Nous nous surprenons en extase devant un magasin de fruits. Nous aurions pu chercher longtemps l'équivalent à MOSCOU.... Pauvres russes, quand donc connaîtront-ils leur erreur ? Morale : Lorsque tout le monde veut être heureux à la fois, personne ne peut avoir de bonheur. Eh bien, à cette minute, nous retrouvons le bonheur de voir dans cette vitrine, de beaux fruits que nous aurions pu nous offrir si nous en avions eu le désir.

Les trams roulent doucement sans bruit de ferraille. Ils sont très esthétiques et peu encombrants. Nous faisons demi-tour par le trottoir opposé en quête d'un établissement, café, brasserie, où nous pourrions jouir du VARSOVIE mondain la nuit. Rien d'intéressant sur le boulevard, mais sur une rue transversale, une enseigne lumineuse nous attire : c'est un dancing de luxe. Le portier est en livrée. Nous risquons un œil : grande salle de marbre, beaucoup de gens à table ; ayant bien dîné, ce n'est pas ce qu'il nous faut. Nous rétrogradons au grand désespoir du portier qui nous engage à entrer.

Nous continuons nos recherches dans une autre rue transversale au boulevard. Une nouvelle enseigne lumineuse apparaît, c'est le grand café Adria. Cette fois c'est bien ce que nous cherchons. Le portier est également en livrée. Grand escalier de marbre pour descendre en sous-sol ; grand vestiaire, salle énorme avec emplacement central pour la danse et dégagement extérieur pour les consommateurs. Assez de monde, bel orchestre, salle entièrement en marbre avec éclairage de différentes couleurs alternées.

Deux serveurs arrivent en même temps. L'un nous tend une carte des vins et liqueurs, l'autre attend, le crayon et le bloc à la main. Rien sur la carte à moins de 20 zlotys, soit 68 francs[11], jusqu'à 90 zlotys, soit 300 francs[12]. Nous nous regardons et supposons qu'ils nous prennent pour des américains ! Nous rendons la carte et demandons deux thés…. Les garçons ont une déception, mais nous nous en tirons à meilleur compte. Nous sommes servis rapidement ; mon compagnon avale le contenu de sa tasse d'un seul trait ; immédiatement le serveur vient la retirer, ce qui est une invite à la consommation.

La danse alterne avec l'exhibition de deux artistes danseurs humoristes qui nous amusent beaucoup. A en juger par la clientèle, c'est bien le grand VARSOVIE de la « bamboche » qui est ici, mais tout

---

[11] 68 francs = 267 €
[12] 300 fancs = 1178 €

se passe dans la correction et dans le calme. Une grande belle jeune fille blonde sert d'entraîneuse. Depuis notre entrée, elle nous examine sans gêne, de façon provocante ; nous avons évidemment des allures d'étrangers. Nous passons une heure de distraction agréable dans cet établissement où nous laissons environ 25 francs[13] pour nos deux thés et les pourboires. Rien à dire en raison du luxe de l'endroit.

Il est temps de penser au repos. Nous rentrons à l'hôtel vers minuit.

18 juillet – 8 heures du matin

Lever. Nous avons bien dormi. Petit déjeuner à l'hôtel et en route pour la visite de la ville avec l'automobile de l'hôtel. Deux heures à travers la belle cité. Nous passons dans le quartier juif, en particulier devant une interminable file de baraques en bois alignées les unes à la suite des autres, où sont entreposées et vendues toutes sortes de marchandises. Beaucoup de juifs sont à leur porte ou dans la rue avec leur petit calot noir sur la tête... Nous visitons une belle église, plusieurs monuments, de belles villas en banlieue, des bâtisses imposantes à la Louchères, plus ou moins encadrées de jardinets fleuris.

Nous voici sur les bords de la Vistule. Quel beau fleuve avec ses deux ponts gigantesques, ses jolies péniches à grande capacité, traînées par de puissants remorqueurs, ses quais spacieux et

---

[13] 25 francs = 98 €

tranquilles. Beaucoup de quartiers neufs et modernes, mais aussi de vieilles places avec des maisons étroites et de différentes couleurs. Nous passons devant l'Ambassade de France où je laisse ma carte, puis voici un jardin public et entre les deux, le monument du « Soldat Inconnu », gardé fusil sur l'épaule. Cette souple surveillance fait contraste avec la rigidité des « nazis » constatée à BERLIN. Nous prenons plusieurs photographies au cours de notre promenade et pendant la marche de la voiture, mais avons quelques doutes sur leur bonne réussite.

Déposés à 11 heures à l'hôtel, nous repartons à pied faire quelques petits achats. Mon compagnon est assailli par deux jeunes polonaises qui plaisantent avec un rire bruyant presque « français ». Mais ne comprenant rien à leurs exclamations, nous les plantons là, sans plus de cérémonie. Nous n'avons pas de temps à perdre ; il est 11 h 30 et il faut déjeuner pour repartir à 12h 25 de la capitale polonaise.

Nos passeports sont prêts, mais nos places n'ont pu être retenues dans le train. Nous voici devant le rapide qui doit nous emporter : c'est un Pullman de luxe. Pas de seconde classe, et supplément important qui nous donne droit à un compartiment. Tant pis, quand on a commencé à dépenser de l'argent, on s'y habitue. L'essentiel est d'en avoir assez pour aller jusqu'au bout. Nous devons avoir des voisins éminents à en juger par le nombre de personnes qui leur ont fait escorte et à l'importante gerbe qui a été offerte à la dame, gerbe qui va encombrer notre cabinet de toilette mitoyen jusqu'à

BERLIN. Le couple est photographié à la fenêtre du wagon et le train démarre.

Le surveillant du sleeping nous réclame nos passeports et nous présente notre note du supplément : 270 francs[14] pour BERLIN. Bientôt nous arrivons à la gare frontière polonaise. Nos passeports nous sont rendus par les Polonais.

Le train démarre ; nous allons entrer en Allemagne. Voici les signaux peints noirs et blancs. Nous sommes à nouveau dans le pays d'HITLER. Arrêt en gare, visite de la douane, déclaration d'argent, retrait des passeports, promenade sur le quai et en route pour Berlin.

Nous passons au restaurant et faisons un bon dîner sans le wagon de la Métropa, puis nous regagnons notre compartiment. La nuit commence à tomber ; la campagne est magnifique ; la région traversée est très belle et donne l'impression de grande propreté. Le train roulant maintenant sur une très bonne voie semble avoir encore augmenté sa vitesse ; il paraît filer en ouragan et la stabilité du matériel est remarquable. Une petite biche détale à toute allure au bord de la voie et va s'immobiliser dans un pli du terrain ; il doit y avoir de belles chasses par ici.

Le surveillant du sleeping vient nous demander si nous continuerons notre route au-delà de BERLIN que l'on doit atteindre rapidement. Par ce train nous devons arriver à PARIS le lendemain à

---

[14] 270 francs = 1060 €

11h 35, soit seulement 23 heures de route depuis VARSOVIE. Nous pourrions coucher à BERLIN et reprendre le lendemain un train express ordinaire, mais néanmoins nous aurions à passer une autre nuit en chemin de fer et ce serait 24 heures de perdues.

Le supplément pour rester dans le rapide de luxe est pour nous deux de 540 francs[15] ; pas d'hésitation : il vaut mieux continuer la route, car cela est encore la solution la plus intéressante en raison du temps gagné. Notre wagon étant complètement retenu au départ de BERLIN, nous devrons changer pour aller dans une voiture identique en provenance de RIGA, comme on l'avait du reste annoncé au départ de VARSOVIE ;

Nous arrivons à BERLIN, traversons trois gares successives. La ville nous apparait abondamment éclairée. Nous passons près d'une caserne où chantent des soldats nazis. Enfin nous voici à FRIEDRICHSTRASS, la gare où nous sommes descendus il y a quelques jours en arrivant de France. Nous changeons de wagon et faisons ensuite une promenade sur le quai. Peu d'animation. Des trains de banlieue se succèdent, mais il est 21 h, ils ont peu de monde.

On a remplacé notre locomotive. La nouvelle est d'apparence très puissante, les mécaniciens semblent au large sur leur plateforme ; ils sont très propres ainsi que les mouvements de leur mastodonte. Cette propreté ne durera pas lorsque le monstre sera lancé à toute vitesse à l'assaut de l'espace et qu'il faudra de ce fait engouffrer le

---

[15] 540 francs = 2121 €

charbon dans le foyer. En pensant que dans moins de 5 heures nous devons être à PARIS, 4 heures de moins que pour le même parcours à l'aller, nous sommes forcés d'admirer cette belle mécanique. Le train a stationné une demi-heure. Il démarre, nous traversons la SPREE, la ville défile. Voici un phare intermittent, c'est celui de la gare aérienne de TEMPELOPT, puis plus rien, il fait noir, nous sommes en pleine campagne.

Le garçon nous apporte nos nouveaux tickets de supplément, allemands, belges et français, avec un débit dans chaque monnaie du pays ce qui nous complique le contrôle. Nos couchettes sont installées, on ne tarde pas à en profiter. Nos passeports sont ramassés et nous allons être tranquilles pour la sortie d'Allemagne de même que pour l'entrée en Belgique, demain matin de bonne heure.

19 JUILLET

Je suis réveillé de bonne heure au passage dans une grande gare qui doit précéder COLOGNE. J'écarte le rideau. Une jeune allemande est sur le quai en face de moi. Intriguée sans doute par mon pyjama, elle décampe et rentre dans son compartiment de 3ème classe.

Mon compagnon de voyage est toujours endormi. Le train repart dans le brouillard du matin. Bientôt c'est COLOGNE. Je réveille mon compagnon pour lui faire entrevoir le pont sur le Rhin, absolument gigantesque. Rapidement nous arrivons à la frontière belge après avoir traversé AIX LA CHAPELLE. La campagne belge se déroule, on se sent presque chez soi. Voici MONS dont on longe les aciéries, puis enfin, la France. C'est un véritable soupir de soulagement. Le rapide qui nous emporte semble accélérer encore son allure au fur et à mesure qu'il s'approche du but.

Nous sommes au wagon restaurant depuis un moment pour le petit déjeuner pendant que notre compartiment est remis en service de jour ; nous nous sommes assez bien reposés en raison des bonnes conditions du matériel. Nous faisons connaissance avec un jeune ingénieur de la Cie des Wagons-Lits. Mon compagnon de voyage Monsieur L… raconte un peu trop fort ses impressions sur les Soviets, sans avoir remarqué que le ministre russe et sa suite sont venus s'installer derrière lui, « je m'en fo…, nous sommes en France » répond-il.

Il est temps de rejoindre notre compartiment pour rassembler nos bagages que la douane française a visité en route avec beaucoup d'indulgence, car nos valises sont bourrées de bibelots soviétiques.

Voici la banlieue parisienne. Enfin PARIS. Il est 11 h 35, l'arrivée est exacte à la minute. Notre train a marché comme un chronomètre. Nous admirons au passage la belle locomotive française qui nous a remorqués avec tant de régularité et faisons un signe d'adieu aux deux conducteurs noircis d'huile et de fumée qui en ont été les animateurs.

Nous nous quittons à la sortie de la gare, tout-à-fait satisfaits de ce beau et rapide voyage si plein d'enseignements.